Una nueva forma de VIDA

Una nueva forma de VIDA

Entiende lo
que significa
aceptar a Cristo

JOYCE MEYER

Publicado por
Unilit
Miami, FL 33172

© 2012 Editorial Unilit (Spanish translation)
Primera edición 2012

© 2007 por Joyce Meyer
Originalmente publicado en inglés con el título:
A New Way of Living por Joyce Meyer.
Publicado por FaithWords .
Hachette Book Group USA
237 Park Avenue, New York, NY 10017
www.faithwords.com.
Publicado en español con permiso de FaithWords, Nueva York, Nueva York, EE. UU.
Todos los derechos reservados.
*(This edition published by arrangement with FaithWords, New York, New York, USA. All
rights reserved.)*

Traducción: *Belmonte Traductores*
Edición: *Nancy Pineda*
Diseño de la cubierta: *Alicia Mejías*
Fotografía de la cubierta: © *2012 Maga. Usada con permiso de Shutterstock.com.*

A menos que se indique lo contrario, las citas bíblicas se tomaron de la Santa Biblia,
Nueva Versión Internacional. © 1999 por la Sociedad Bíblica Internacional.
El texto bíblico señalado con rv-60 ha sido tomado de la Versión Reina-Valera ©
1960 Sociedades Bíblicas en América Latina; © renovado 1988 Sociedades Bíblicas
Unidas. Utilizado con permiso.
Reina-Valera 1960® es una marca registrada de la American Bible Society, y puede
ser usada solamente bajo licencia.
El texto bíblico indicado con «ntv» ha sido tomado de la *Santa Biblia*, Nueva
Traducción Viviente, © Tyndale House Foundation 2008, 2009, 2010. Usado con
permiso de Tyndale House Publishers, Inc., 351 Executive Dr., Carol Stream, IL
60188, Estados Unidos de América. Todos los derechos reservados.

La autora desea reconocer que la historia que usó en el capítulo 3, en las páginas
21-24, es una ilustración original del sermón predicado por el Dr. Monroe Parker
y se usó con el permiso de Gospel Projects Press, P.O. Box 643, Milton, FL 32572;
derecho de autor 1977; www.childrensbibleclub.com.

Producto 499144 • ISBN 0-7899-1868-4 • ISBN 978-0-7899-1868-0

Impreso en Colombia
Printed in Colombia

Categoría: Vida cristiana/Crecimiento espiritual/General
Category: Christian Living/Spiritual Growth/General

CONTENIDO

CONTENIDO

La DECISIÓN más IMPORTANTE que harás JAMÁS

¿Estás insatisfecho con tu vida? Si es así, no estás solo. Muchas personas están cansadas, desalentadas, vacías e insatisfechas. Algunos han probado la religión con la esperanza de encontrar una solución a la manera en que se sienten, solo para terminar cargados con reglas muertas e irracionales que no pueden cumplir. Si has probado la religión, eso no significa que hayas probado a Dios como la solución para tu vida vacía, frustrante y llena de culpabilidad.

Si necesitas sentirte amado, si necesitas un amigo, si necesitas que tus pecados sean perdonados y si necesitas un futuro... Jesucristo es tu respuesta. Él está esperando darte una nueva vida y hacer de ti una nueva criatura.

Si no estás satisfecho con tu vida, tienes que cambiar algo. Si seguimos haciendo las mismas cosas que hemos hecho siempre, tendremos la vida que hemos tenido siempre. Tienes que tomar una decisión, y es la decisión más importante que harás jamás.

Esta decisión es más importante que la elección de tu carrera, la universidad a la que irás, la persona con quien te casarás, el modo en que invertirás tu dinero o dónde vivirás. Esta decisión tiene que ver con la eternidad. La eternidad no tiene fin, y cada uno de nosotros debe saber dónde la pasará. Hay vida después de la muerte. Cuando mueres, no dejas de existir, tan solo comienzas a existir en otro lugar. Alguien dijo que morir es como entrar por una puerta giratoria. Solo dejas un lugar y vas para otro.

¿Quieres tener una relación con Dios aquí en la tierra y vivir con Él por la eternidad? Si es así, tienes que recibir a Jesucristo como tu Salvador. Todos hemos pecado y necesitamos un Salvador. Dios envió a su único Hijo para pagar el castigo de nuestros pecados. Él fue crucificado y derramó su sangre inocente como pago por nuestros errores. Murió y fue sepultado, pero al tercer día resucitó de los muertos y ahora está sentado en el cielo, a la derecha de Dios Padre. Él es tu única esperanza de tener paz, gozo y comunión con Dios.

Para poder salvarnos de nuestros pecados, la Biblia enseña que debemos confesar y reconocer que Jesús es Señor, y debemos creer en nuestro corazón que Dios le levantó de entre los muertos.

> Que si confiesas con tu boca que Jesús es el Señor, y crees en tu corazón que Dios lo levantó de entre los muertos, serás salvo.
>
> **ROMANOS 10:9**

Esta forma de creer es más que un reconocimiento mental, es sincero y de corazón. Muchas personas creen que hay un Dios, pero no le han entregado su vida. Dios es el Autor de la vida, y quiere que de manera voluntaria y gustosa vuelvas a entregarle tu vida. Dios te creó con libre albedrío y no te obligará a tomar esta decisión. Sin embargo, el que lo hagas o no será determinante en la calidad de vida que tengas en esta tierra, y será el factor que decidirá dónde pasarás la eternidad cuando mueras.

¿Has hecho un buen trabajo en la administración de tu vida? Si no ha sido así, ¿por qué no se la entregas a Aquel que te creó y te conoce mejor de lo que nunca tú mismo te conocerás jamás? Si compro un automóvil y empiezo a tener problemas con él, lo llevo al fabricante para que lo arregle. Podemos usar el mismo principio con Dios. Él te creó y te ama mucho. Si tu vida no te satisface, llévasela a Él para que la arregle.

Como dije antes, no habrá ningún cambio a menos que tomes una decisión. ¿Quieres ser cristiano? ¿Estás listo para rendirle a Dios no solo tu pecado sino también tu vida? ¿Estás listo para alejarte de tu vida pecaminosa y aprender a vivir una nueva vida con Dios y para Dios? Si es así, sigue leyendo porque te está esperando una vida mejor de lo que puedas imaginar. Está a disposición de todos. Nadie se queda fuera. Esto es lo que Dios dice acerca de tu futuro:

> Porque yo sé muy bien los planes que tengo para ustedes —afirma el SEÑOR—, planes de bienestar y no de calamidad, a fin de darles un futuro y una esperanza.
>
> **JEREMÍAS 29:11**

Nadie puede tomar esta decisión por ti. Eres tú y solo tú el que la debe tomar. ¿Qué calidad de vida deseas tener? ¿En realidad quieres seguir el ejemplo que ves en nuestra sociedad de hoy en día? La Palabra de Dios dice que vinimos a este mundo sin nada y sin nada nos iremos de él (1 Timoteo 6:7). Dios es el Alfa y la Omega, el principio y el fin. En el principio estaba Dios, y al final estará Dios. Cada persona comparecerá delante de Dios y dará cuentas de su vida (Romanos 14:12). Ahora es el momento de prepararse para eso. Yo siempre digo: «Estemos listos o no, Jesús viene». Prepárate ahora, toma la decisión adecuada ahora, pues más tarde quizá sea demasiado tarde.

Todos HEMOS pecado

Pecar es desobedecer de forma deliberada la voluntad conocida de Dios. Todos hemos pecado. No hay nadie en la tierra que nunca peque (Romanos 3:23, Eclesiastés 7:20). Estas son las malas noticias, pero también hay buenas noticias. Todos podemos ser perdonados y estar a cuentas con Dios.

> Pues todos han pecado y están privados de la gloria de Dios, pero por su gracia son justificados gratuitamente mediante la redención que Cristo Jesús efectuó.
>
> ROMANOS 3:23-24

Jesús ya pagó por tus pecados; lo único que tienes que hacer es creerlo y recibirlo. Si admites tus pecados, sientes haberlos cometido y estás dispuesto a apartarte por completo de ellos, Dios te perdonará y hará de ti una nueva persona.

> Si confesamos nuestros pecados, Dios, que es fiel y justo, nos los perdonará y nos limpiará de toda maldad.
>
> **1 JUAN 1:9**

No tienes que esperar a que Dios haga algo, pues Él ya hizo lo que tenía que hacer. Entregó a su único Hijo para morir en nuestro lugar porque solo un sacrificio perfecto y sin pecado podía ofrecerse como pago por nuestras malas acciones. La justicia se satisfizo, y podemos ser libres al creer en Jesucristo y entrar en una relación íntima con Dios por medio de Él. No podemos acudir a Dios por nuestra propia cuenta; necesitamos un abogado. Necesitamos a alguien que actúe como mediador, y ese alguien es Jesús. Jesús se puso en la brecha existente entre nosotros y Dios, la brecha que creó nuestro pecado, y Él nos da acceso a Dios.

Al igual que un niño tiene dentro de sí a su padre (su sangre, su ADN, sus cromosomas, etc.), así estaba Dios en Cristo reconciliando al mundo con Él. Dios ama a las personas que creó y no está dispuesto a ver cómo las venden a la esclavitud del pecado sin proveer una salida. ¡Jesús es el camino!

El pecado produce una maldición

La Palabra de Dios dice que no escaparemos de nuestro pecado (Números 32:23). El pecado produce maldición y la obediencia produce bendición (Deuteronomio 28). Puede parecer durante un tiempo que una persona está burlando el pecado. Su vida parece tan buena como la de cualquier otro, pero al final siempre habrá evidencia de las decisiones que ha tomado.

Cuando escogemos una vida de pecado en lugar de una vida de obediencia a Dios, experimentamos desgracia en nuestra alma. El hombre es algo más que tan solo un cuerpo hecho de carne y huesos. Es un espíritu y tiene un alma compuesta por su mente, su voluntad y sus emociones. Esta es la personalidad del hombre. Los pecadores sufren en su mente. Están llenos de angustia mental, y sin importar lo que hagan o tengan, no hay nada que les satisfaga por completo. Sufren de manera emocional. Como han decidido manejar sus propias vidas, se frustran y se enojan (se decepcionan desde el punto de vista emocional) cuando las cosas no salen como quieren. No saben nada acerca de la fe. Confiar en Dios, en un poder mayor que ellos mismos, les resulta incomprensible. Nunca encuentran descanso para su alma porque el hombre solo puede encontrar el reposo de Dios creyendo en Él (Hebreos 4:3).

Sí, la vida de pecado es una vida llena de maldiciones. No hay nada bueno en ella. Lo siguiente es lo que Dios dice acerca del resultado de la persona que intenta vivir sin Él:

> De tal manera acosaré a los hombres, que andarán como ciegos, porque pecaron contra el Señor. Su sangre será derramada como polvo y sus entrañas como estiércol. No los podrán librar ni su plata ni su oro en el día de la ira del Señor. En el fuego de su celo será toda la tierra consumida; en un instante reducirá a la nada a todos los habitantes de la tierra.
>
> **SOFONÍAS 1:17-18**

Estos versículos son temibles, pero no deben provocar temor en el corazón de un creyente sincero en Jesucristo. Quienes creen en Jesús nunca sufrirán juicio ni condenación (Juan 3:18).

Culpa y condenación

La culpa es la compañera constante del pecador. Tal vez haga diferentes cosas para pasarla por alto, pero muy dentro de sí sabe que su vida no está bien. Jesús dijo que los pecadores no pueden escapar de la culpa (Juan 9:41).

La Biblia está dividida en el Antiguo Testamento y el Nuevo Testamento. El Antiguo Testamento es justo eso: es «antiguo». Representa un Antiguo Pacto, uno que Dios usó para cubrir los pecados de las personas hasta que llegara el momento en el que Jesús estableciera un Nuevo Pacto. Mediante el cumplimiento de un sistema de sacrificios por los pecados, se podían cubrir los pecados del pueblo, pero nunca desaparecían. La culpa siempre estaba presente. Sin embargo, en el Nuevo Testamento, bajo el Nuevo Pacto tenemos un sacrificio perfecto y definitivo que no solo cubre el pecado, sino que lo quita por completo. No solo limpia el pecado, sino también la culpa asociada al mismo.

Por favor, lee despacio los siguientes versículos y medita en el poder de lo que expresan. Todos se tomaron de Hebreos 10.

> Y en virtud de esa voluntad somos santificados mediante el sacrificio del cuerpo de Jesucristo, ofrecido una *vez y para siempre*.
>
> HEBREOS 10:10 (énfasis añadido)

Pero este sacerdote, después de ofrecer por los pecados un solo sacrificio para siempre, se sentó a la derecha de Dios.

HEBREOS 10:12

«Éste es el nuevo pacto que haré con mi pueblo en aquel día —dice el Señor—: Pondré mis leyes en su corazón y las escribiré en su mente». Después dice: «Nunca más me acordaré de sus pecados y sus transgresiones».

HEBREOS 10:16-17, NTV

Acerquémonos, pues, a Dios con corazón sincero y con la plena seguridad que da la fe, interiormente purificados de una conciencia culpable y exteriormente lavados con agua pura.

HEBREOS **10:22**

Estos pasajes bíblicos nos informan de muchas cosas muy importantes y hermosas. Lo primero es que Jesús se convirtió en un sacrificio único y para siempre, y no hay que añadir ningún otro sacrificio al suyo jamás. Bajo el Antiguo Pacto, los sacrificios tenían que hacerse una y otra vez y, aun así, nunca quitaban la culpa. Jesús se convirtió en un sacrificio que es bueno para siempre y que quita el pecado y la culpa.

La culpa se retira de forma legal, pero puede que necesitemos aprender a cómo vivir libres de los sentimientos de culpa. Es más, la nueva vida que vivimos para Cristo requiere que aprendamos a vivir en el otro lado de los sentimientos. Ya no podemos dejar que los sentimientos nos gobiernen, sino que debemos aprender la Palabra de Dios y obedecerla, sin importar lo que sintamos. Este estilo de vida de obediencia produce bendiciones incomparables.

Es el MOMENTO de la ENTREGA

O bien ya recibiste a Cristo y pediste este libro para ayudarte a comenzar tu nueva vida con Cristo, o te dieron este libro y ahora estás listo para tomar esa decisión.

Juan 3:16 (RV-60) dice: «Porque de tal manera amó Dios al mundo, que ha dado a su Hijo unigénito, para que todo aquel que en él cree, no se pierda, mas tenga vida eterna».

Permíteme contarte una historia que te ayudará a entender el poder de este versículo.

En la ciudad de Chicago, en una noche fría y oscura, se estaba levantando una ventisca. Había un niño vendiendo periódicos en la esquina. La gente estaba dentro resguardada del frío, y el niño tenía tanto frío que en realidad no estaba intentando vender muchos periódicos. Se acercó a un policía y le dijo: «Señor, ¿sabría usted dónde podría encontrar un niño pobre un lugar caliente para pasar la noche? Verá, duermo entre cartones en la esquina de ese callejón, y hace mucho frío. Agradecería mucho tener un lugar caliente donde quedarme».

El policía miró al niño y le dijo: «Bueno, te diré lo que puedes hacer, camina por esa calle hasta esa gran casa blanca y llama a la puerta. Cuando te abran la puerta, diles: "Juan 3:16" y te dejarán entrar».

Así que el niño lo hizo. Subió los peldaños hasta llegar a la puerta y llamó, y una señora respondió. Él la miró y dijo: «Juan 3:16».

La señora dijo: «Entra».

Le acompañó al interior, le sentó en una mecedora enfrente de una gran chimenea y se fue. Él estuvo allí sentado un rato, y pensó para sí: *Juan 3:16... No lo entiendo, pero hace que un niño se caliente.*

Al rato, regresó la señora y le preguntó: «¿Tienes hambre?».

Él dijo: «Bueno, un poco. Hace dos días que no como, y me imagino que un poco de comida me sentará bien». La señora le llevó a la cocina y le sentó delante de una mesa llena de ricos manjares, y él comió y comió hasta que no pudo más. Después pensó para sí: *Juan 3:16... No lo entiendo, pero hace que un niño sacie su apetito.*

La mujer le llevó a un baño en el segundo piso con una enorme tina llena de agua caliente. El niño se sentó dentro y se sumergió por un rato. Mientras lo hacía, pensaba para sí: *Juan 3:16... No lo entiendo, pero hace que un niño esté limpio.* La señora regresó y le llevó a una habitación, le metió en una antigua cama con colchón de plumas, lo arropó hasta el cuello, le dio un beso de buenas noches y apagó las luces. Mientras yacía allí en la oscuridad, miró por la ventana y vio la nieve caer en esa noche fría. Pensó: *Juan 3:16... No lo entiendo, pero hace que un niño descanse.*

A la mañana siguiente, la mujer volvió para llevarle al piso de abajo, a la misma mesa llena de comida. Después de comer, le volvió a llevar a la misma mecedora delante de la chimenea. Sacó una Biblia, se sentó y dijo: «¿Entiendes Juan 3:16?». «No, señora, no lo entiendo. La primera vez que lo oí fue anoche cuando el policía me dijo que lo usara». Ella abrió la Biblia en Juan 3:16 y comenzó a hablarle de Jesús. Allí mismo, delante de esa chimenea, el niño entregó su corazón y su vida a Jesús. Allí sentado pensaba: *Juan 3:16... No lo entiendo, pero hace que un niño perdido se sienta seguro.* (Autor desconocido).

Ahora bien, si estás listo para entregarle tu vida a Dios recibiendo a su Hijo Jesucristo como el único pago aceptable por tus pecados, te animo a que hagas esta oración conmigo. Repite todas y cada una de las palabras en voz alta para que sean relevantes para ti.

Padre Dios, te amo. Vengo a ti hoy en fe pidiéndote que perdones mis pecados. Jesús, creo en ti, creo que moriste en la cruz por mí, que derramaste tu sangre inocente por mí, que ocupaste mi lugar y llevaste el castigo que merecía yo. Creo que moriste, te sepultaron y que resucitaste al tercer día de los muertos. La muerte no pudo retenerte. Venciste a Satanás y le quitaste las llaves del infierno y de la muerte. Creo que hiciste todo eso por mí debido a que me amas. Quiero ser cristiano. Quiero servirte todos los días de mi vida. Quiero aprender a vivir la nueva vida que me has prometido. Te recibo ahora, Jesús, y me entrego a ti. Tómame tal como soy, y haz de mí lo que tú quieras que sea.

Gracias, Jesús, por salvarme. Lléname con tu Espíritu Santo y enséñame todo lo que tenga que saber. Ahora, creo que soy salvo, que he nacido de nuevo y que iré al cielo cuando muera. Padre Dios, ¡voy a disfrutar de mi viaje y a vivir para tu gloria!

Si has hecho esta oración con sinceridad, tomaste la decisión más importante de tu vida. No importa cómo te sientas, Dios escuchó tu oración y te respondió. Quizá sientas paz o gozo, alivio o libertad, o tal vez en este momento no sientas nada en absoluto. No dejes que tus sentimientos sigan dictando la pauta en tu vida. Cree en la Palabra de Dios, porque Él es fiel y cumple sus promesas. Él dijo:

> Todos los que el Padre me da vendrán a mí; y al que a mí viene, no lo rechazo.
>
> **JUAN 6:37**

Dios promete estar contigo siempre, hasta el fin del mundo. Quizá no siempre le sientas, pero Él está en todo lugar, todo el tiempo. Él siempre tiene su mirada sobre ti y cuidará de ti con esmero. Él se interesa por todas las cosas que te preocupan y promete perfeccionarlas. Ha comenzado una buena obra en ti y Él la terminará (Génesis 28:15, Salmo 138:8, Filipenses 1:6).

Felicitaciones, acabas de conocer a un nuevo amigo, Jesús, el mejor amigo que podrás tener. Puedes hablar con Él de cualquier cosa porque Él te entiende siempre (Hebreos 4:15). Él nunca te rechaza ni te condena. No hay nada demasiado grande para Dios, ni tampoco hay nada demasiado pequeño. Él quiere que le reconozcas en todos tus caminos y le invites en cada aspecto de tu vida.

Te convertiste en una nueva criatura. Las cosas viejas pasaron y todas se hicieron nuevas (2 Corintios 5:17). Tienes ante ti un nuevo comienzo.

Cometerás errores, todos lo hacemos. Tienes mucho que aprender y has comenzado un viaje que durará toda una vida. Recuerda siempre que cuando cometas errores, el perdón y la limpieza de Dios están a tu disposición si se lo pides. Apresúrate a arrepentirte de cualquier pecado y nunca intentes esconderle nada a Dios, porque Él lo sabe todo.

Dios te ama mucho. Te ama siempre, y no te ama más los días en que te portas bien y menos los días en que te portas mal. ¡Sencillamente te ama!

Ahora es el momento de enseñarte sobre una nueva manera de vivir.

Una NUEVA manera de VIVIR

A medida que entres en la nueva vida que debe vivirse con Dios y para Dios, descubrirás que muchos de sus principios parecen estar al revés según los caminos del mundo. A decir verdad, el mundo es el que está al revés y el reino de Dios el que está al derecho. No estamos acostumbrados a hacer las cosas a la manera de Dios, y al principio pueden parecernos difíciles de entender.

El bautismo

Una de las primeras cosas que deberías hacer como nuevo creyente en Jesucristo es bautizarte en agua. El bautismo es una señal externa de tu decisión interna de seguir a Cristo. Cuando una persona baja a las aguas del bautismo, significa que entierra la vieja vida. Cuando sale del agua significa la resurrección a una nueva vida. Es algo que hacemos en obediencia a Dios.

La cual simboliza el bautismo que ahora los salva también a ustedes. El bautismo no consiste en la limpieza del cuerpo, sino en el compromiso de tener una buena conciencia delante de Dios. Esta salvación es posible por la resurrección de Jesucristo.

1 PEDRO 3:21

—Arrepiéntase y bautícese cada uno de ustedes en el nombre de Jesucristo para perdón de sus pecados —les contestó Pedro—, y recibirán el don del Espíritu Santo.

HECHOS 2:38

La asistencia a la iglesia

Otra cosa que te recomiendo mucho es que te involucres en una iglesia local. Ir a la iglesia no hace que seamos cristianos del mismo modo que el hecho de sentarnos en un garaje no hace que seamos autos. No nos convertimos en cristianos solo por asistir a la iglesia, pero si somos cristianos, deberíamos desear adorar a Dios y tener comunión con otros creyentes. La iglesia es también un lugar en el que aprendemos la Palabra de Dios.

No todas las iglesias son buenas iglesias. Algunas son edificios religiosos que se ven bien por fuera, pero no hay nada en el interior que ayude a nadie en realidad. Si asistes a una iglesia en la que no te alimentan con la Palabra de Dios ni te desafían a crecer cada día en tu caminar con Dios, sigue buscando hasta que encuentres una. Las iglesias, como los médicos, no son todas buenas; pero tampoco son todas malas. Es cuestión de encontrar la adecuada para ti. Algunas personas prefieren una iglesia grande y otras prefieren una pequeña. Algunos tienen alguna preferencia denominacional, y también están quienes prefieren una iglesia sin denominación, que solo significa que no pertenecen a otra organización mayor. El punto principal es que te será muy útil tener un compromiso sólido con una iglesia. Te brinda la oportunidad de hacer amigos con tus mismas creencias y de socializar a un nivel moral que te ayudará a evitar tentaciones mundanas.

Asegúrate de asistir a una iglesia donde sientas que estás creciendo como cristiano. Es muy importante que el nuevo creyente aprenda muchas cosas. Si no aprende y progresa, está en peligro de poder recaer o de volver a los viejos caminos.

Los grupos pequeños de estudio bíblico son muy beneficiosos para los nuevos creyentes. En estos grupos, casi siempre tendrás la oportunidad de aprender, hacer preguntas, recibir oración y participar en las oraciones a favor de otros. Es de esperar que tu iglesia tenga clases de la Biblia para adultos o grupos de casas en los que puedas participar. La iglesia no es un simple lugar para que te ministren, sino un lugar para que podamos expresar nuestro ministerio dentro del cuerpo de Cristo (la Iglesia). Además de recibir de otros, también tienes que dar a otros.

El compromiso

Comprometerse es muy importante. No es lo que hicimos mal en cierta ocasión determinada lo que estropeó nuestras vidas, sino lo que hacíamos mal a cada momento, y hacer algo bien una o dos veces no nos ayuda a vivir la nueva vida que Dios tiene para nosotros. Debemos perseverar y hacer lo que sabemos que tenemos que hacer aun cuando no sintamos hacerlo o no tengamos ganas. Debemos ser coherentes. Dios te ha dado un espíritu de dominio propio y disciplina (2 Timoteo 1:7) y lo único que tienes que hacer es ejercitarlo.

Comprométete a pasar tiempo con Dios. Estudia su Palabra y lee libros que te ayuden a entender la Biblia incluso mejor. Escucha enseñanzas en CD o ve buenos programas cristianos de televisión. Aparta un tiempo para la oración. Aprende a orar durante el día. Recuerda: Dios está interesado en todo lo que te preocupa, y la oración es simplemente hablar con Dios. A medida que creces como cristiano, no solo aprenderás cómo hablar con Dios, sino también cómo escucharle, y esto aportará una emocionante dimensión a tu caminar con Él.

Otro aspecto muy importante que requiere compromiso es el dar. Dios nos ha dado tanto que es natural que deseemos devolverle a Él y a su obra en la tierra. Cuando has recibido ayuda, es natural querer ayudar a otros, y una de las formas en que puedes hacerlo es mediante el compromiso de darles a tu iglesia y a otros ministerios que te han ayudado y en los que crees tú. Todo lo que le damos a Dios, Él nos lo devuelve multiplicado. Su Palabra dice que cosechamos lo que sembramos.

Antes de aceptar a Cristo y convertirnos en una nueva criatura en Él, no teníamos un verdadero interés en dar. Éramos egoístas y queríamos que nos dieran otros, pero nuestro corazón cambia a medida que nos enamoramos de manera más profunda de Jesús.

El bautismo en el Espíritu Santo

Bautizarse significa sumergirse por completo. Todo lo que se sumerge se llena si hay una abertura en el mismo. Si estás abierto, puedes llenarte por completo del Espíritu Santo. Recibiste el Espíritu Santo cuando recibiste a Jesús como tu Salvador, pero quizá no hayas llegado al punto de estar listo para abrir cada lugar de tu corazón y dejar que Él te llene del todo.

Tienes al Espíritu Santo, pero quieres estar seguro de que Él te tiene por completo. Dios quiere usarte en su servicio, y necesitarás el poder de su Espíritu para tener éxito y ser productivo.

Dios también nos ofrece dones sobrenaturales (dotaciones de energía sobrenatural) para ayudarnos a vivir nuestra vida diaria. Los dones son variados y todos los reciben, pero algunos pueden ser más dominantes que otros. Yo tengo el don de enseñar, otros tienen el don de la música o la administración, de obras de misericordia o de ayuda. Hay nueve dones mencionados en 1 Corintios 12:7-10 que deberíamos conocer. Tenemos el mandato de procurar (desear en serio) esos dones: palabra de sabiduría, palabra de conocimiento, el don de la fe, los dones para sanar enfermos, el poder de hacer milagros, la profecía (interpretar la voluntad divina y el propósito de Dios), la capacidad de discernir entre espíritus buenos y malos, el don de hablar en lenguas desconocidas y la capacidad para interpretar esas lenguas.

Aunque quizá no entiendas estos dones, te aliento a que le pidas a Dios que te los dé y te enseñe sobre ellos y su uso adecuado. Vemos muchos casos en la Palabra de Dios de personas hablando en lenguas desconocidas (un lenguaje espiritual). Cuando oramos en lenguas, estamos hablando secretos y misterios a Dios y nos edificamos y mejoramos a nosotros mismos. El apóstol Pablo dijo que deseaba que todos hablaran en lenguas (1 Corintios 14:2, 4-5).

El don de lenguas, en particular, ha sido un punto de división entre los cristianos por muchos años. Algunos creen que los dones son para hoy, mientras que otros creen que no lo son. En lo personal, he experimentado estos dones en mi vida y he hablado en otras lenguas durante más de treinta años y, por lo tanto, sé que son relevantes para el cristiano de hoy. Necesitamos todo lo que nos pueda ayudar.

Muy a menudo las personas rechazan las cosas que no han experimentado o que no entienden. Esto es un error. Debemos leer la Biblia y creer lo que dice.

Te advierto que debes concentrarte en el Espíritu Santo mismo y no en sus dones. Los dones llegarán. Algunas personas hacen más énfasis del que debieran en las lenguas o en los demás dones. Cuando vamos a comprar un par de zapatos, no entramos a la tienda y pedimos un par de lengüetas. Pedimos zapatos y las lengüetas vienen con ellos. Lo mismo sucede con el Espíritu Santo. Pídele todos los días más de su presencia en tu vida, y tanto las lenguas como los demás dones llegarán a su debido tiempo.

Busca la presencia de Dios, no sus regalos

Dios quiere hacer cosas buenas por ti. Quiere darte muchas bendiciones, pero es importante que le busques por lo que Él

es y no solo por lo que pueda hacer por ti.
Dios es increíblemente maravilloso, y estar
en su presencia es asombroso. Al buscar su
rostro, descubrirás que su mano está siempre abierta. Si solo buscas su mano, le insul-
tarás. Nadie, ni siquiera Dios, quiere que le
usen para sacar un provecho personal.

Pídele a Dios todo lo que quieras o ne-
cesites y, si es lo mejor para ti, a su tiempo
Él te lo dará. Sin embargo, recuerda siempre que, más que ninguna otra cosa, necesitas más de Él en tu vida. Necesitas más
de su presencia, de sus caminos, de su ca-
rácter, de su sabiduría, de su entendimiento, de su poder, etc.

Dios lo es todo y no somos nada sin Él.
Jesús dijo: «Separados de mí no pueden
ustedes hacer nada» (Juan 15:5).

> Porque todas las cosas proceden de
> él, y existen por él y para él. ¡A él sea
> la gloria por siempre! Amén.
> **Romanos 11:36**

Hay mucho que aprender

Hay demasiadas cosas que tienes que aprender y que yo no tendría tiempo de explicarte en este pequeño libro. Tendrás que aprender la doctrina sobre la que está basada tu fe y las enseñanzas fundamentales del cristianismo. Casi todas las iglesias ofrecen una clase para nuevos creyentes, y te recomiendo mucho que asistas a una. Aprenderás que Jesús nació de una virgen. Sé que parece imposible, pero es cierto y es importante que entiendas por qué. Aprenderás que es importante devolverle a Dios económicamente para que el evangelio se les pueda predicar a las personas que no le conocen aún. Aprenderás acerca de la Trinidad, la verdad de servir a un Dios que se manifiesta en tres personas: Padre, Hijo y Espíritu Santo. Aprenderás acerca del ministerio de los ángeles, la importancia de la sangre de Jesús, de cómo escuchar a Dios, de la doctrina de la justicia, del arrepentimiento y un montón de cosas más.

Aunque no puedo hablarte de todas esas cosas en este libro, hay algunas cosas que sí quiero aclararte que creo que son muy importantes para tu nueva vida, así que vamos a continuar.

5

Una NUEVA manera de PENSAR

Aprender a pensar de una manera nueva por completo es de vital importancia. Dios tiene un plan para ti y para tu vida, pero debes estar de acuerdo con Él en lo tocante a ese plan. Satanás también tiene un plan para ti y para tu vida, y no es bueno. El ladrón (Satanás) solo viene para robar, matar y destruir (Juan 10:10). Satanás inyecta todo tipo de malos pensamientos en nuestras mentes, con la esperanza de que las creamos y así nos pongamos de acuerdo con él. De esa manera es que engaña a las personas y encuentra una entrada en sus vidas.

> No imiten las conductas ni las costumbres de este mundo, más bien dejen que Dios los transforme en personas nuevas al cambiarles la manera de pensar. Entonces aprenderán a conocer la voluntad de Dios para ustedes, la cual es buena, agradable y perfecta.
>
> **ROMANOS 12:2, NTV**

El pasaje anterior nos dice con claridad que nuestras vidas no pueden cambiar a menos que cambie nuestro pensamiento. Si quieres una nueva vida, necesitas tener una nueva manera de pensar. Dios tiene un buen plan para cada uno de nosotros, pero solo conseguiremos verlo hecho realidad a medida que entendamos la importancia de pensar como es debido.

Puedes controlar tus pensamientos

A lo mejor eres como era yo y piensas que no puedes hacer nada en cuanto a lo que piensas. Sin embargo, eso no es cierto. Puedes decidir lo que pensarás o no pensarás, y deberías hacerlo con sumo cuidado.

Donde va la mente, allí le sigue el hombre. Todos hemos tenido la experiencia de comenzar a pensar en algo de comer, quizá un helado, una rosquilla o alguna otra comida tentadora. Cuanto más pensamos en eso, más decididos estamos a obtenerlo. Si lo pensamos por un buen tiempo, quizá hasta subamos al automóvil y recorramos varios kilómetros para conseguirlo, solo para después lamentar haberlo comido y haber gastado nuestro dinero y nuestro tiempo para obtenerlo.

Si alguien nos ha ofendido y pensamos una y otra vez en eso que nos hizo daño, podremos comenzar a sentir enojo y sentirnos molestos en lo emocional. Nuestros pensamientos afectan a nuestras emociones y se convierten en las palabras que decimos.

La próxima vez que te sientas enojado o deprimido, pregúntate en qué has estado pensando, y encontrarás una conexión entre tus pensamientos y tus sentimientos.

La mente es el campo de batalla en el que luchamos nuestras guerras con Satanás. En 2 Corintios 10:4-5 se nos enseña que debemos derribar los malos pensamientos y las imaginaciones y llevarlos cautivos a Jesucristo. Eso significa que deberíamos pensar según la Palabra de Dios. Deberíamos sacar de nuestra mente cualquier cosa que no esté de acuerdo con las enseñanzas de Cristo y rechazarlo como una mentira del diablo. Si tu enemigo (Satanás) puede controlar tu mente, podrá controlar tu vida y tu destino.

Por ejemplo, si tienes pensamientos de suicidio, no es Dios el que los está poniendo en tu mente, porque Él quiere que vivas y disfrutes de tu vida. Si tienes pensamientos que te dicen que no eres bueno o que nadie te ama, esos pensamientos no vienen de Dios porque no están de acuerdo con su Palabra.

Los pensamientos negativos

Ten cuidado con cualquier tipo de pensamiento negativo. No hay nada negativo acerca de Dios ni de su plan para tu vida. Es mejor ver el vaso medio lleno que medio vacío. Ser positivo no le hace daño a nadie.

No importa cómo haya sido tu vida hasta ahora, debes tener una visión positiva de tu futuro. Ponte de acuerdo con Dios y cree que te van a ocurrir cosas buenas. Si has sido una persona negativa como yo lo era antes, pensar de manera positiva te llevará algún tiempo y mucha práctica. Me crié en un entorno muy negativo y siempre esperaba problemas o algún tipo de desastre, pero después aprendí que en verdad nuestros problemas pueden llegar a nosotros por pensar de forma negativa.

> Para el abatido, cada día acarrea dificultades; para el de corazón feliz, la vida es un banquete continuo.
>
> **PROVERBIOS 15:15, NTV**

La primera vez que el Espíritu Santo me llevó a este versículo, aprendí que los «presentimientos» eran pensamientos negativos y temibles de que algo malo iba a ocurrir. También tuve que admitir que la mayoría de las veces recibía lo que esperaba, lo cual eran problemas. Quería que mi vida cambiara y no entendía por qué Dios no la cambiaba, pero al final me di cuenta de que yo tenía que cambiar mi manera de pensar para que Él pudiera cambiar mi vida.

No seas negativo con nada... ni con tu futuro ni con tu pasado. Tu pasado puede encajar en el plan general de Dios para tu vida si confías en Él. Todos los errores que cometiste pueden hacer de ti una mejor persona y más sabia. Puedes aprender de ellos y decidir que nunca más cometerás los mismos errores. No seas negativo con tu economía, tus amigos, tu familia, la manera en que te ves, el trabajo que tienes o no tienes, el lugar donde vives, el tipo de auto que conduces, ni ninguna otra cosa. Desarrolla una actitud positiva, y te ayudará a tener una vida positiva y poderosa.

No te preocupes ni te afanes

La preocupación y la ansiedad son dos formas de pensamiento que son malas. La preocupación no te beneficia en nada, pero te puede hacer mucho daño. Cambia toda tu preocupación por confianza en que Dios se ocupará de tus problemas. La preocupación te hace parecer mayor de lo que eres, te da dolores de cabeza y problemas estomacales, e incluso hace que te resulte difícil llevarte bien con otros. No es la voluntad de Dios para tu vida.

Quizá al principio te resulte difícil no preocuparte, porque estarás acostumbrado a cuidar de ti mismo y a descubrir lo que debieras hacer después, pero recuerda que ahora estás aprendiendo una nueva manera de vivir.

Las personas que no tienen una relación con Dios tal vez sientan que tienen que preocuparse, pero tú no. Dios está de tu lado, y dice que puedes depositar tu ansiedad sobre Él porque Él cuidará de ti (1 Pedro 5:7).

Ansiedad significa que pasamos el día de hoy preocupándonos por el día de mañana. Jesús dijo que no hiciéramos eso porque cada día tiene suficientes problemas (Mateo 6:34). Sabrás lo que tienes que hacer cuando llegue el momento de hacerlo, pero es probable que no lo sepas hasta entonces. Dios quiere que aprendas a confiar en Él. Él nunca llega tarde, pero casi nunca tampoco llega antes de tiempo. Para el nuevo creyente, esta espera es difícil solo porque no está acostumbrado a vivir así.

Sin embargo, después de un tiempo te empezará a gustar. Tu mente estará tranquila y tendrá la libertad de vivir cada día a plenitud sin preocuparte por el mañana.

Cada vez que te sientas tentado a preocuparte, acuérdale al diablo que eres un hijo de Dios y que Él prometió cuidar de ti.

El camino hacia la renovación de tu mente está en el estudio y la meditación de la Palabra de Dios. Es el camino para aprender la diferencia entre el pensamiento bueno y el malo. Por ejemplo, una persona quizá piense que tiene que ser pobre toda su vida porque la pobreza siempre ha sido parte de su familia, pero tú descubrirás en la Palabra de Dios que eso no es verdad. Con la ayuda de Dios, y aplicando sus principios a tu vida financiera, puedes romper el ciclo de pobreza y tener más que suficiente en cada aspecto de tu vida. La Palabra de Dios dice que por encima de todo, Él quiere que prosperes y tengas salud, así como prospera tu alma (3 Juan 2). A medida que maduras en tu alma y caminas en obediencia a Dios, Él te dará toda cosa buena que puedas manejar y usar como es debido y con sabiduría.

Dios suplirá tus necesidades, así que no tienes que vivir con temor. Si necesitas trabajo, puedes orar y Él te ayudará a encontrar un empleo. Te dará favor y hará que todo lo que toques prospere y tenga éxito.

Jesús quiere que tengas una buena vida. Quiere que disfrutes la vida que consiguió para ti con su muerte. Adquiere conocimiento, adquiere entendimiento, adquiere discernimiento y discreción. Sin conocimiento, el pueblo perece, así que clama a Dios por él. Jesucristo es nuestra sabiduría de Dios (1 Corintios 1:30). Pídele que la sabiduría que hay en ti surja e ilumine tu mente de modo que puedas andar en sus caminos. «Porque mejor es la sabiduría que las piedras preciosas; y todo cuanto se puede desear, no es de compararse con ella» (Proverbios 8:11, RV-60).

Mi libro éxito de librería se titula *El campo de batalla de la mente*. Me gustaría recomendarte que lo leas lo antes posible. Recuerda: es probable que la renovación de tu manera de pensar te parezca una lucha durante un tiempo, pero no te rindas.

Los que buscan a Dios con diligencia serán recompensados.

Una NUEVA manera de HABLAR

Las palabras contienen poder. Este poder puede ser creativo o destructivo. En el principio del tiempo, cuando Dios habló, Él creó cosas buenas y nosotros deberíamos seguir su ejemplo.

> Cada uno se llena con lo que dice y se sacia con lo que habla. En la lengua hay poder de vida y muerte; quienes la aman comerán de su fruto.
>
> **PROVERBIOS 18:20-21**

Un minucioso estudio de este versículo nos revela con claridad que nuestras palabras tienen consecuencias. Algunas traen el bien y otras el mal. Cuando abrimos nuestra boca para hablar, tenemos que ser conscientes del poder de nuestras palabras. Nuestros pensamientos se convierten en nuestras palabras, y esa es una de las principales razones por las que Satanás pone en nuestra mente pensamientos negativos. Él sabe que si hacemos nuestros esos pensamientos, los declararemos al final, y eso se convertirá en la puerta abierta que necesita para hacer su trabajo sucio en nuestra vida.

> Cuida tu lengua y mantén la boca cerrada, y no te meterás en problemas.
> **PROVERBIOS 21:23, NTV**

La mayor tentación del mundo es hablar acerca de lo que vemos y sentimos, pero Dios quiere que hablemos acerca de lo que su Palabra dice que podemos tener. No te estoy sugiriendo que pases por alto tus circunstancias, sino te estoy diciendo que puedes vencerlas, y tu forma de hablar durante tus problemas tiene mucho que ver con esto.

Los israelitas pasaron cuarenta años en el desierto cuando en realidad el viaje pudo durar once días. Estuvieron dando vueltas y más vueltas a las mismas montañas, sin hacer ningún progreso. Tenían muchos problemas y uno de los mayores era la queja. Murmuraban y se quejaban cada vez que las cosas no salían como querían. Dios quiere que le alabemos y le demos gracias tanto si estamos en el desierto de la vida como si estamos en la cima de la montaña. Lo que decimos durante las dificultades nos ayuda a decidir cuánto tiempo pasaremos atrapados en ellas.

Esto te puede parecer extraño, pero tus palabras tienen poder. Romanos 4:17 dice que servimos a un Dios que llama a las cosas que no existen como si ya existieran. Dios ve lo que quiere que ocurra y habla al respecto como si ya hubiera sucedido. Para hacer esto, debes ver con los ojos de la fe. La fe percibe como realidad lo que aún no se puede ver ni sentir en lo natural. ¡La fe toma las promesas de Dios y actúa como si fueran ciertas!

Si tenemos un problema y en verdad creemos que Dios nos libera, podemos estar contentos ahora. No tenemos que esperar hasta ver un cambio porque lo tenemos por fe. Sabemos en nuestro interior que Dios está obrando en nuestro favor.

Cuando el profeta Ezequiel miró a su alrededor, lo único que vio fueron huesos secos y muertos y Dios le preguntó si podrían volver a vivir. Ezequiel respondió: «Oh Soberano Señor [...] sólo tú sabes la respuesta». Como respuesta a eso, Dios le dijo que les profetizara (hablara) a esos huesos y les dijera que oyeran la palabra del Señor. Ezequiel comenzó a profetizar como se le ordenó, y los huesos comenzaron a juntarse de nuevo. La carne y la piel llegaron sobre ellos y se pusieron de pie como un poderoso ejército (Ezequiel 37, NTV). Qué gran ejemplo del poder de la Palabra de Dios.

Habla la Palabra de Dios en voz alta

Les enseño a las personas en todas partes a que hable la Palabra de Dios en voz alta y a que lo haga a propósito como parte de su disciplina espiritual cotidiana. Esta ha sido una de las cosas más importantes que Dios me ha enseñado, y puedo decir que me ha ayudado a renovar mi mente y a darle la vuelta a mi vida.

La Palabra de Dios es la espada del Espíritu, el arma más poderosa que tienes para usar contra Satanás. Él se asusta y tiembla ante la Palabra de Dios. En Lucas 4 vemos una ocasión en la que el diablo tentó a Jesús. Él estaba en el desierto, no había comido durante mucho tiempo y Satanás comenzó a poner pensamientos en su mente. Cada vez que el diablo le mentía a Jesús, Él respondía diciendo: «Escrito está», y después citaba un versículo en voz alta para reprender la mentira. Cuando aprendemos a seguir su ejemplo, estamos en camino hacia la victoria.

¿Estás dispuesto a comenzar a prestar atención a lo que dices? Si es así descubrirás, al igual que los demás, que dices muchas cosas que de seguro no quieres que ocurran en tu vida. Creo que podemos aumentar o disminuir nuestro nivel de paz y gozo solo por nuestra manera de hablar. Si tengo razón, ¿por qué no decir algo que te provoque alegría en lugar de tristeza?

Hablar en fe es parte de tu nueva vida, así que comienza ahora. Puedes decir cosas como estas:

> Dios me ama y tiene un buen plan para mi vida.
> Tengo favor dondequiera que voy.
> Todo en lo que pongo mi mano prospera y tiene éxito.
> Dios abre puertas buenas ante mí y cierra las malas.
> Camino en sabiduría.
> Estoy lleno de paz.
> Estoy gozoso.
> Camino en amor.
> Algo bueno me va a pasar hoy.
> Todos mis hijos aman y sirven a Dios.
> Mi matrimonio mejora cada día más.
> Soy una bendición en cualquier parte que voy.

Esta lista puede ser interminable. Asegúrate tan solo de que lo que digas sea lo que expresa la Palabra de Dios. Ponerte de acuerdo con Dios te abrirá un nuevo mundo. Pondrá en marcha el plan de Dios, y no hay nada que el diablo pueda hacer para detenerlo.

Una NUEVA manera de VERTE a ti MISMO

¿Cómo te ves a ti mismo? Tu autoestima es como una foto que llevas en la cartera de tu corazón. A través de mis muchos años ministrando a personas, he descubierto que, en su mayoría, no se gustan mucho a sí mismas. Yo tuve una relación muy mala conmigo misma durante muchos años y eso lo envenenaba todo en mi vida. Dios te ama y quiere que te ames a ti mismo, no de una manera egoísta y egocéntrica, sino de una manera sana. No puedes dar lo que no tienes. Dios nos ama y quiere que dejemos que ese amor nos sane a nosotros primero y después fluya a través de nosotros hacia otras personas. Si te niegas a recibir el amor que Dios tiene para ti al no amarte como es debido, nunca podrás amar a otros de verdad.

¿Está basada tu opinión de ti mismo en tu desempeño? Para la mayoría de nosotros este es el caso, y nuestra opinión no puede ser buena porque nuestro desempeño no siempre es bueno. Somos seres humanos imperfectos y cometemos errores. Queremos hacer las cosas bien, pero parece que siempre nos tropezamos. Es precisamente por eso que necesitamos a Jesús. Él muestra su fortaleza de manera más perfecta en nuestras debilidades.

No eres una sorpresa para Dios. Él sabía cómo eras cuando te invitó a tener una relación con Él. Ya sabe cada error que cometeremos en nuestra vida y, aun así, nos ama y nos desea de todas maneras. No seas tan duro contigo mismo. Aprende a recibir la misericordia de Dios a diario. Levántate cada día y esmérate en hacer las cosas para la gloria de Dios. Haz lo mejor porque amas a Dios, no porque quieras conseguir que Él te ame. Él ya te ama tanto como lo hará siempre, y su amor por ti es perfecto.

Al final de cada día, pídele perdón a Dios por todos tus pecados y errores, duerme bien toda la noche y comienza de nuevo al día siguiente.

Satanás está en contra tuya, pero Dios está de tu lado. Tienes que estar del lado de Dios porque cuando dos se ponen de acuerdo, se vuelven poderosos. Eres precioso a los ojos de Dios, y tienes muchos talentos que serán útiles para Él. No solo mires todo lo que creas que es malo de ti. No mires tan solo lo mucho que te queda por recorrer, sino mira también todo lo que ya has recorrido. Ahora eres un creyente en Jesucristo, y ese es el comienzo de todo lo maravilloso en la vida.

La comprensión de la justicia

La justicia (estar a cuentas con Dios) se consigue mediante la fe en Jesús, no a través de nuestras propias obras. Es un regalo de Dios y lo recibimos cuando aceptamos a Jesús como nuestro Salvador.

Hay muchos versículos que respaldan esta idea. Enumeraré unos pocos para animarte:

> Al que no cometió pecado alguno, por nosotros Dios lo trató como pecador, para que en él recibiéramos la justicia de Dios.
>
> **2 CORINTIOS 5:21**

¡TREMENDO! ¡Qué gran versículo! Cristo no conoció pecado, pero debido a su amor por nosotros tomó nuestro pecado para que pudiéramos tener una gran relación con el Padre Dios. Ahora Dios nos ve como aprobados y aceptables y en buena relación con Él porque aceptamos a Jesús como nuestro Salvador. Tengo que decirlo de nuevo... ¡TREMENDO!

En vez de temer que Dios nos mire con desagrado y enojo, podemos estar ante Él «en Cristo» y saber que somos aceptados.

> Por tanto, nadie será justificado en presencia de Dios por hacer las obras que exige la ley; más bien, mediante la ley cobramos conciencia del pecado.
>
> **ROMANOS 3:20**

> Esta justicia de Dios llega, mediante la fe en Jesucristo, a todos los que creen. De hecho, no hay distinción.
>
> **ROMANOS 3:22**

> Sin embargo, al reconocer que nadie es justificado por las obras que demanda la ley sino por la fe en Jesucristo, también nosotros hemos puesto nuestra fe en Cristo Jesús, para ser justificados por la fe en él y no por las obras de la ley; porque por estas nadie será justificado.
>
> **GÁLATAS 2:16**

Es importante que para tu crecimiento espiritual te veas con una buena relación delante de Dios mediante tu fe en Jesucristo. Es un don de Dios. Si siempre nos sentimos mal con nosotros mismos y nos preguntamos si Dios estará enojado con nosotros, perdemos el poder en el que Él quiere que andemos. Tenemos autoridad sobre el diablo como creyentes en Jesús, pero debemos estar firmes ante Dios vestidos de justicia, no con los harapos de la culpabilidad y la condenación.

En realidad, Efesios 6 dice que debemos ponernos la justicia como una coraza. Para el soldado, la coraza cubría su corazón. ¿Qué es lo que realmente crees de ti mismo? ¿Puedes creer por fe que tienes una buena relación con Dios? Puedes, si mantienes tus ojos en lo que Jesús ha hecho por ti y no en cada error que tú cometes. Cometerás errores y, cuando lo hagas, arrepiéntete rápidamente y recibe el perdón de Dios. Esta es la única manera de poder caminar en justicia. No podemos caminar en nuestra justicia, porque nuestra justicia es como trapos de inmundicia, pero podemos y debemos caminar en la justicia de Dios mediante nuestra fe en Jesucristo.

Puedes tener ahora esta nueva actitud asombrosa hacia ti mismo como parte de tu paquete de «nueva vida» como creyente en Jesús.

Disfruta de ti mismo

Eres libre para disfrutar de ti mismo ahora, y es la voluntad de Dios que lo hagas así. No bases tu valor y tu dignidad en lo que otros dicen o dijeron de ti. No la bases en cómo te han tratado las personas ni en tus logros en la vida. Dios pensó que eras lo bastante valioso como para enviar a su Hijo a morir por ti, y esa es una razón para gozarse.

La Biblia nos enseña con claridad que Dios quiere que disfrutemos de la vida, y esto no es posible si no disfrutas de ti mismo. Eres una persona de la que nunca te librarás, ni siquiera por un segundo. Si no disfrutas de ti mismo, te espera una vida desdichada.

Como yo, es probable que seas diferente a otras personas que conoces, pero no hay ningún problema. Es más, eso es algo que Dios hizo a propósito. Él nos crea a todos un poco diferentes, ya que le gusta la variedad. Tú no eres raro; eres único y original y tienes más valor que las cosas que son solo copias de otra cosa.

No te compares con otros ni pases toda tu vida compitiendo con los demás (2 Corintios 10:12). Sé tú mismo y disfruta de quien eres. Tienes que cambiar en aspectos como el resto de los mortales, y el Espíritu Santo estará ocupado durante tu vida realizando esos cambios en ti. La buena noticia es que tienes la libertad para disfrutar de ti mismo mientras la obra sigue en progreso.

8

Cambia el TEMOR
POR la FE

Todos sabemos lo que es el temor. Nos atormenta y nos impide nuestro progreso. El temor nos puede hacer temblar, sudar, sentir débiles y provocar que huyamos de cosas que deberíamos afrontar.

El temor no procede de Dios. Es el recurso que emplea Satanás para impedirnos vivir la vida plena que Dios quiere que vivamos (2 Timoteo 1:7). Dios quiere que vivamos en fe. La fe es inclinar toda nuestra personalidad hacia Dios en una absoluta confianza en su poder, su sabiduría y su bondad. Es la evidencia de cosas que no vemos y la convicción de su realidad.

La fe opera en la esfera espiritual. Es probable que estés acostumbrado a creer solo lo que puedes ver y sentir, pero como hijo de Dios tendrás que acostumbrarte a estar cómodo viviendo en una esfera que no puedes ver (la esfera espiritual). No vemos a Dios porque Él es espíritu, pero creemos a pie juntillas en Él. Por lo general, no vemos ángeles, pero la Palabra de Dios dice que están a nuestro alrededor protegiéndonos. Al liberar nuestra fe en Dios y en su Palabra, podemos entrar en la esfera espiritual y sacar cosas que Él quiere que tengamos y que disfrutemos, pero que aún no son una realidad.

Satanás se deleita llamando nuestra atención a las circunstancias e intentando hacernos tener miedo del futuro. Dios, por el contrario, quiere que confiemos en Él, que creamos que Él es mayor que cualquier circunstancia o amenaza del diablo.

La Biblia está llena de grandes ejemplos de hombres y mujeres que se encontraron en circunstancias desesperadas, y el resultado fue que el temor llenó sus corazones. Sin embargo, decidieron poner su fe en Dios y experimentaron una gloriosa liberación. Tienes que decidir si vas a vivir en temor o en fe. Aunque ahora eres cristiano, puedes seguir viviendo atormentado por temores de todo tipo, a menos que decidas vivir por fe. Recibiste a Jesús como tu Salvador por fe: el siguiente paso es aprender a vivir por fe.

> De hecho, en el evangelio se revela la justicia que proviene de Dios, la cual es por fe de principio a fin, tal como está escrito: «El justo vivirá por la fe».
>
> **ROMANOS 1:17**

Cuando entendemos el amor de Dios y nos damos cuenta de que nos hicieron justos delante de Dios mediante la muerte y la resurrección de Jesús, se nos hace más fácil caminar en fe. Comenzamos a confiar en que Dios cuida de nosotros en vez de sentir que debemos hacerlo nosotros mismos.

Valor no es la ausencia de temor, sino actuar aunque haya temor. Cuando Dios les dijo a sus siervos que no temieran, no se refería a que no sintieran el temor, sino a que le obedecieran sin tener en cuenta cómo se sintieran. Dios sabe que el espíritu de temor siempre intentará impedir que progresemos en nuestro caminar con Él. Por eso nos dice una y otra vez en su Palabra que Él está con nosotros siempre, y por eso no tenemos que inclinarnos ante el temor.

Eleanor Roosevelt dijo: «Tú obtienes fortaleza, valor y confianza mediante cada experiencia en la que te detienes en realidad para mirar al temor a la cara. Debes hacer las cosas que crees que no puedes hacer».

> Sean fuertes y valientes. No teman ni se asusten ante esas naciones, pues el Señor su Dios siempre los acompañará; nunca los dejará ni los abandonará.
>
> **DEUTERONOMIO 31:6**

Solo la fe agrada a Dios. Recibimos de Dios a través de la fe. Por lo tanto, es de vital importancia para el nuevo creyente en Cristo aprender sobre la fe y comenzar a caminar en ella. Conseguimos desarrollar una fe fuerte de igual modo que conseguimos desarrollar unos músculos fuertes.

Ejercitas tu fe poco a poco, y cada vez que lo haces se fortalece.

Mateo 17:20 nos enseña que para el que cree todo le es posible. Incluso un poco de fe puede mover montañas de problemas en nuestra vida. Es probable que te hayas pasado la vida intentando resolver todos tus problemas y con mucha frecuencia habrás sentido la frustración y la decepción. Si es así, estas a punto de entrar en una nueva experiencia. Ahora puedes hablar con Dios (orar) e invitarle a participar en todo lo que te preocupa, y descubrirás que lo que es imposible para el hombre es posible con Dios.

Conforme a tu fe te será hecho (Mateo 9:29). Puede que hayas vivido en temor la mayor parte de tu vida, pero ahora es el momento de cambiar ese temor por la fe en Dios. Necesitarás tiempo para aprender nuevos caminos, pero no te desanimes ni te rindas. Todo en esta vida funciona según la ley del crecimiento gradual. Poco a poco todo cambia si seguimos haciendo lo que Dios nos dice que hagamos.

Disfruta de la VIDA

El ladrón no viene más que a robar, matar y destruir; yo he venido para que tengan vida, y la tengan en abundancia.

JUAN 10:10

Jesús murió para que tú pudieras disfrutar tu vida. Eso no significa que obtendrás todo según tus planes y que nunca tendrás dificultades. Significa que mediante tu relación con Dios, puedes elevarte por encima de la desgracia en el mundo y poseer una vida resucitada vivida mediante Dios, con Él y para Él por el poder del Espíritu Santo.

Dios es nuestra verdadera vida. En Él vivimos, nos movemos y somos. Aprender a disfrutar de Dios te permitirá disfrutar de cada día de tu vida. Disfruta de tu comunión con Dios. Él se preocupa por todo lo que te preocupa a ti, y la Biblia dice que Dios perfeccionará lo que te preocupa. Él está trabajando en tu vida siempre, llevándote de manera más completa a su voluntad.

Teme a Dios en el buen sentido de la palabra. Deberíamos tener un temor reverente de Dios, lo cual significa que debemos respetarle y saber que Él es todopoderoso y que habla en serio. Sin embargo, no deberíamos temer que Dios se enoje cada vez que cometemos un error o que nos castigue cada vez que no seamos perfectos. Dios es misericordioso y lento para la ira. Es paciente, conoce cómo somos y entiende nuestras debilidades y deficiencias.

Si eres como el resto de los seres humanos, habrá muchas cosas en tu vida y tu personalidad que necesitan un cambio, y Dios las cambiará. Aun así, la buena noticia es que puedes disfrutar de Dios y disfrutar de tu vida mientras Él lo está haciendo.

La vida que tienes ahora quizá no sea la vida con la que quisieras terminar, pero es la única que tienes en este momento, de modo que debes comenzar a disfrutarla. Encuentra las cosas buenas que tiene. Acentúa lo positivo y aprende a ver lo bueno en todo. Disfruta de tu familia y de tus amigos. No ocupes tu tiempo en intentar cambiarles. Ora por ellos y deja que Dios haga el cambio.

Disfruta de tu trabajo, disfruta de tu hogar y disfruta de la vida cotidiana. Es posible si confías en Dios y decides tener una buena actitud. Fija tus ojos en Dios y no en todo lo que está mal en ti, en tu vida, en tu familia y en el mundo. Dios tiene un buen plan para ti y ya ha comenzado a ejecutarlo. Puedes empezar a alegrarte, mirando todo lo bueno que vendrá en el futuro.

Casi todas las personas viven como si creyeran que no pueden disfrutar de su vida mientras tengan problemas de cualquier tipo, pero esa es una manera de pensar equivocada. No habites en los errores ni las malas decisiones del pasado. Sigue pensando en el gran futuro que tienes por medio de Jesucristo. Puedes disfrutar de todo lo que decidas disfrutar. Puedes disfrutar cuando estés en un atasco de tráfico si así lo decides. Recuerda que te estoy enseñando una nueva manera de vivir, y tu actitud hacia la vida es una gran parte del proceso.

Por último, he aprendido a disfrutar del lugar donde estoy mientras estoy de camino hacia donde voy, y te recomiendo de manera encarecida que hagas lo mismo. Hay muchas cosas que Dios tiene que hacer en tu vida, y Él no quiere que te sientas mal mientras lo hace. Así como los bebés deben crecer y hacerse adultos, los cristianos también deben crecer. Es un proceso que a menudo lleva más tiempo del que quisiéramos, pero no tiene sentido que no disfrutemos del viaje.

Dios no espera que seas perfecto hoy. Es más, ya sabe que nunca serás del todo perfecto mientras vivas en esta tierra. Sin embargo, espera que cada uno de nosotros siga avanzando. Deberíamos levantarnos todos los días y dar lo mejor de nosotros para servir a Dios. Deberíamos admitir nuestros errores y pedir perdón por nuestros pecados, estando dispuestos a apartarnos de ellos. Si hacemos esto, Dios hará el resto. Él seguirá trabajando en nosotros mediante su Espíritu Santo, y nos enseñará, nos cambiará y nos usará. Has entrado en una nueva manera de vivir, y creo que nunca lo lamentarás. ¡Disfruta de Dios, disfruta de ti mismo y disfruta de la vida que Jesús te dio con su muerte!

Una ORACIÓN de SALVACIÓN

Padre Dios, te amo. Vengo a ti hoy en fe pidiéndote que perdones mis pecados. Jesús, creo en ti, creo que moriste en la cruz por mí, que derramaste tu sangre inocente por mí, que ocupaste mi lugar y llevaste el castigo que merecía yo. Creo que moriste, te sepultaron y que resucitaste al tercer día de los muertos. La muerte no pudo retenerte. Venciste a Satanás y le quitaste las llaves del infierno y de la muerte. Creo que hiciste todo eso por mí debido a que me amas. Quiero ser cristiano. Quiero servirte todos los días de mi vida. Quiero aprender a vivir la nueva vida que me has prometido. Te recibo ahora, Jesús, y me entrego a ti. Tómame tal como soy, y haz de mí lo que tú quieras que sea.

Gracias, Jesús, por salvarme. Lléname con tu Espíritu Santo y enséñame todo lo que tenga que saber. Ahora, creo que soy salvo, que he nacido de nuevo y que iré al cielo cuando muera. Padre Dios, ¡voy a disfrutar de mi viaje y a vivir para tu gloria!

Recomendaciones de RECURSOS

Tengo mucho material disponible que te ayudará a aprender y a crecer en tu nueva vida. Puedes pedir un catálogo y lo recibirás de forma gratuita. También te recomiendo que pidas nuestra revista mensual, la cual también te enviaremos sin costo alguno durante varios meses.

Te recomiendo mucho mi libro *El campo de batalla de la mente*, y también *Cómo tener éxito en aceptarte a ti mismo*. Te recomiendo *La Palabra, el nombre, la sangre* como un libro que te ayudará a establecer un fundamento sólido en tu vida con respecto a lo que Jesús hizo por ti en la cruz y el poder que tienes a tu disposición como creyente en Él.

Pressing In and Pressing On es una buena serie de enseñanzas disponibles en casete o CD, y *The Mouth* es una serie que te ayudará a aprender sobre el poder de tus palabras.

Si podemos ayudarte con cualquier otra cosa, por favor, llama a nuestra oficina, y recuerda: ¡Dios te ama y nosotros también!

Otros libros de
JOYCE MEYER

Vive por encima de tus sentimientos
Pensamientos de poder
De mujer a mujer
¡Ayúdenme, siento inseguridad!
¡Ayúdenme, siento desánimo!
¡Ayúdenme, siento estrés!
¡Ayúdenme, siento miedo!
¡Ayúdenme, siento soledad!
¡Ayúdenme, siento depresión!
¡Ayúdenme, siento preocupación!
Come la galleta... compra los zapatos
Una vida sin conflictos
Cambia tus palabras, cambia tu vida
Hazte un favor a ti mismo... perdona
Tienes que atreverte
Cómo tener éxito en aceptarte a ti mismo

Acerca de la Autora

Joyce Meyer es una de las principales maestras prácticas de la Biblia en el mundo. Escritora número uno de éxitos de librería del *New York Times*, ha escrito más de setenta libros de inspiración, incluyendo *Mujer segura de sí misma*; *Luzca estupenda, siéntase fabulosa*; la serie familiar de libros «El campo de batalla de la mente»; y muchos otros. También ha publicado miles de enseñanzas en audio, al igual que una videoteca completa. Los programas de radio y televisión de Joyce, *Disfrutando la Vida Diaria*®, se retransmiten por todo el mundo, y ella viaja mucho realizando conferencias. Joyce y su esposo, Dave, son padres de cuatro hijos adultos y tienen su hogar en St. Louis, Missouri.

**Para comunicarse con la Autora
en los Estados Unidos:**
Joyce Meyer Ministries
P.O. Box 655
Fenton, Missouri 63026
(636) 349-0303
www.joycemeyer.org

*Cuando escribas, incluye tu testimonio o ayuda
recibida con este libro. Además, nos agradaría
recibir tus peticiones de oración.*

Para comunicarse con la Autora en Canadá:
Joyce Meyer Ministries-Canadá
P.O. Box 7700
Vancouver, BC V6B 4E2
Canadá
Teléfono: 1-800-868-1002

**Para comunicarse con la Autora
en Australia:**
Joyce Meyer Ministries-Australia
Locked Bag 77
Mansfield Delivery Centre
Queensland 4122
Australia
Teléfono: (07) 3349 1200
Desde Nueva Zelanda: 0800 448 536

**Para comunicarse con la Autora
en Inglaterra:**
Joyce Meyer Ministries-Inglaterra
P.O. Box 1549
Windsor SL4 1GT
United Kingdom
Teléfono: +44 (0)1753 831102

NOTAS

_____

_____

_____

_____

_____

_____

_____

_____

_____

_____

_____

_____

_____

_____

_____

_____

_____

_____

_____

_____

_____

_____

_____

_____

_____

_____

_____

_____

_____

_____

_____

_____

_____

_____

_____

_____

_____

_____

_____

_____

_____

_____

_____

_____

_____

_____

_____

_____

_____

_____

_____

_____

_____

_____

_____